ADRESSE AUX CHAMBRES,

Au Corps Diplomatique.

A-PROPOS

SUR

LA PAIX OU LA GUERRE,

PAR C.-A***

(du Haut-Rhin).

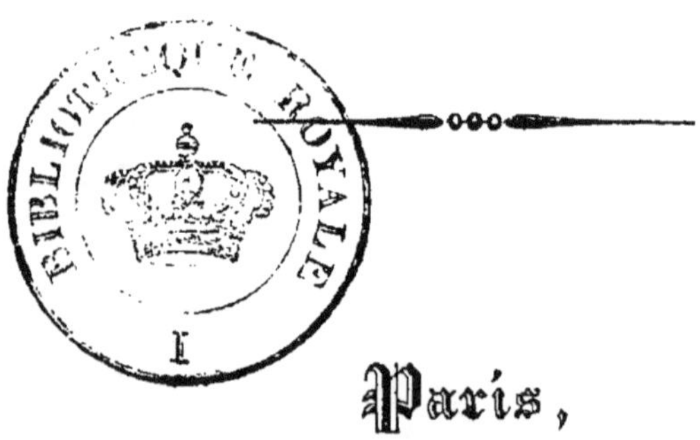

Paris,

IMPRIMERIE D'AD. MOESSARD ET JOUSSET,

Rue de Furstemberg, 8 *bis*.

1840.

Messieurs les Pairs, Messieurs les Députés,
Messieurs les Ambassadeurs,
Envoyés extraordinaires, Ministres résidens
et Chargés d'affaires,

Le National, dont j'ai un exemplaire du 3o octobre sous les yeux, après avoir annoncé les nominations ministérielles, s'exprime ainsi: « L'étranger » sera content... La question d'Orient est finie; la » gloire et la dignité de la patrie sont sauvées; la » nationalité française, qui depuis cinquante ans » s'est incarnée dans la Révolution, est désormais « relevée des traités de 1815 et des hontes de nos » dix ans. »

Et plus loin : « L'homme qui doit correspondre » avec l'étranger, celui qui doit conserver l'éclat » de nos couleurs, il s'appelle *Guizot,* etc., etc. »

Voilà certes bien de belles phrases, bien pompeuses et surtout bien ampoulées. Mais qu'est-ce à dire sur la gloire et la dignité de la France, et sur la question d'Orient en général, et M. Guizot en particulier?

Le National, organe des passions populaires,

prétend-il que les intérêts nationaux confiés aux mains de M. Guizot sont compromis? que ce Ministre, *qui doit correspondre avec l'étranger*, a assez peu le sentiment de ses devoirs, de la grandeur et de la dignité de son pays, pour en faire bon marché?... Non, loin de là. Telle n'est pas l'opinion vraie, sincère de ce journal; mais, apôtre véhément des utopies de Babeuf, il se berce qu'en déversant la méfiance sur ce Ministre, en lui prêtant des intentions hostiles aux instincts français, il soulèvera contre lui l'opinion publique, entravera sa marche, arrêtera peut-être ses tentatives de maintenir une paix compatible avec l'orgueil national. Ce journal pousse à une conflagration générale, universelle! Il veut la guerre au dehors, mais une guerre meurtrière, une guerre de principes; à l'intérieur, l'anarchie, la révolution!

Le malheureux! il a donc oublié tout ce que nous ont valu nos guerres, nos victoires, nos conquêtes? Revenons un peu sur le passé; exhumons des fastes nationales l'histoire rapide, à vol d'oiseau, de ces quarante années. S'il s'y trouve des leçons données aux rois, peut-être y rencontrerons-nous aussi quelques vérités pour les peuples.

Lorsque l'Empire, de glorieuse mémoire, promenait ses bataillons victorieux dans toute l'Europe; que nous voyions toutes les nations prosternées devant nous,.... et tous les monarques agenouillés devant l'HOMME que nous avions *élu*, oh! sans doute, c'étaient dix années resplendissantes de gloire; car, chaque jour comptait une victoire et signalait une conquête; et notre amour-propre national était agréablement chatouillé! Mais qui a compté les larmes que ces victoires ont coûté; qui se hasardera à faire jamais le recensement des millions d'hommes décimés pour assouvir l'ambition d'un seul? Les pays dévastés, les villes incendiées, les populations dispersées maudissant un conquérant insatiable; l'agriculture, le commerce, les arts abandonnés pour fournir des hommes et des trésors; ne sont-ce pas là de bien magnifiques trophées?

Mais tout n'a qu'un temps. Nos succès et nos triomphes eurent le leur. Ils furent remplacés par des désastres. L'Europe, fatiguée de plier sous le joug de fer d'un seul, s'indigna, se souleva, et... se coalisa contre *celui* que ne soutenait plus l'amour du peuple : car, nonobstant l'auréole de gloire dont il les avait entourés, les Français ne voyaient plus en lui que le meurtrier de leurs frères.

1814 et 1815 nous amenèrent des nuées d'étrangers qui, comme des oiseaux de proie, s'abattirent sur cette malheureuse France, vaincue comme un noble cerf par une meute de chiens. Ces étrangers nous amenèrent la branche aînée et ne se retirèrent que gorgés de l'or français.

Les alliés s'étant réunis à Vienne eurent des

velléités..... Dieu sait où ils se seraient arrêtés, si Louis XVIII n'eût envoyé M. de Talleyrand pour plaider la cause de la France; grâce à l'ascendant de ce diplomate, *l'idée du droit prévalut sur la force:* nous ne perdîmes que ce que nous-mêmes nous avions conquis par la force.

C'était donc pour arriver au point d'où nous étions partis en 1790, qu'aboutirent toutes nos victoires et toutes nos conquêtes? De quelle liberté jouissions-nous sous le Consulat, sous l'Empire? On vous l'a dit : d'un trait de plume le premier consul supprima cent journaux; empereur, il avait violemment baillonné la bouche à tous ceux qui invoquaient le droit du peuple. L'homme qui nous saturait de gloire, à l'instar d'un Richelieu, d'un Cromwell, emmaillottait nos libertés. Maîtres au dehors, nous étions esclaves au dedans : nous portions des chaînes dorées.

Après lui vint le descendant de saint Louis. Louis XVIII, prince pieux et ami des lettres; élevé à l'école de l'adversité, il regrettait les rives de la Seine. Son désir, son seul, son unique désir était d'y retourner, et, après s'être assis un moment sur le trône de ses pères, d'aller reposer dans les caveaux de Saint-Denis.

Il revint! précédé à la vérité des cohortes du Nord. Mais, quoique Bourbon, il était toujours Français. Son cœur généreux saignait de voir des

Barbares souiller le sol de ses ancêtres, la patrie des Henri IV, des Louis XIV! Il avait hâte de s'en débarrasser; des hôtes aussi incommodes répugnaient à son âme magnanime. Les larmes aux yeux et la rage dans le cœur, il ordonna à M. de Richelieu (ce patriote qui, dit en passant, refusa la dotation de 5o mille francs de rente que la Chambre élective lui décréta, *parce qu'il était pauvre, et qu'il avait bien mérité de la patrie;* qui les refusa, parce que, digne descendant de l'illustre cardinal-ministre, il jugea la France trop appauvrie pour pouvoir faire des cadeaux); Louis XVIII, dis-je, ordonna à M. de Richelieu de faire payer à ces étrangers les 700 millions qu'ils s'étaient adjugés par le traité de Paris. Mais, ajouta ce bon roi, qu'ils s'en aillent, qu'ils s'en aillent bien vite, qu'ils décampent; car la semelle de leurs souliers flétrit notre sol, et leur aspect menace nos récoltes et nos moissons.

Après Louis, Charles X! prince faible et à idées étroites, *qui n'a jamais rien appris et jamais rien oublié.* Se souvenant seulement qu'il était *Porphy-rogénète* et élevé dans la pourpre; prince digne de figurer parmi les rois fainéans avec un maire du palais; qui, au mépris des paroles prophétiques de M. de Pradt, que « *l'esprit humain est en mar-che,* » voulut l'arrêter, le faire rétrograder. Le peuple protesta, l'orage éclata. Prince malheureux!

tu oublias que la population de Paris *ne rendait plus des hommages, mais donnait des avis ;* et... un second exil fit justice des droits de l'humanité foulés aux pieds.

1830 remplaça le droit divin par le droit du peuple, plus positif. Une ère nouvelle commença ; la nation, riant d'un pouvoir qui prétendait trouver son origine dans les nuages, voulut, et elle avait raison, un roi à sa façon : un roi-bourgeois, un roi en bonnet de coton.

Louis-Philippe, duc d'Orléans, né sur les marches du trône, paraissait réunir sur sa tête toutes les conditions requises. Oh! il avait alors l'amour du peuple, car celui-ci en était idolâtre; Louis-Philippe était son prophète, son ange sauveur! Figurant la révolution d'Angleterre de 1688, il était, par sa position pour la France, son Guillaume d'Orange, et pour le caractère son Henri VIII. Louis-Philippe, en effet, conciliait tous les intérêts; il donnait la main gauche à tout ce qui existait, pour garantir des droits acquis; et la main droite à l'avenir, en sanctionnant, le 9 août, la Charte, notre évangile politique; par l'art. 3 il appela à lui tous les progrès, toutes les lumières, toutes les illustrations, tous les talens!

Toutefois, Louis-Philippe, après avoir échangé sa demeure tranquille de Neuilly pour les Tuileries, ne tarda pas à sentir les épines dont la plus belle couronne est hérissée; qu'il est difficile de concilier les exigences des susceptibilités nationales avec les prétentions de l'étranger. En effet, à l'intérieur, tourmenté par les légitimistes qui prétendaient qu'il ne faisait pas assez; par les républicains qu'il en faisait trop; entre ces deux partis, un troisième, dit juste-milieu, se fractionnant encore en autant de prétentions qu'il a de têtes, criant que sa part avait été trop écornée!

Où donner de la tête, qui satisfaire, qui contenter? Et avec tout cela une diplomatie ombrageuse et susceptible, arguant du passé pour se défier du présent et de l'avenir, nous qualifiant de voisinage turbulent (*die unruhige nachbarschaft*) qui, en changeant de rois, de gouvernemens, de ministres comme eux changent de chemises, n'offrons aucune garantie de stabilité aux autres membres de la famille européenne.

Dans ce conflit d'intérêts divers et contradictoires, comment concilier ces deux élémens hétérogènes, la France et l'étranger? Donnera-t-on des preuves de bon voisinage à l'étranger? la France nous accusera de faire des concessions indignes du nom et de l'honneur français, de viser à l'absolutisme, au régime des ordonnances, que sais-je? — Nous laisserons-nous, au contraire, entraîner aux folles tendances du peuple? l'étranger nous reprochera de ne pas résister à l'anarchie; de favoriser la propagande, et par conséquent le soulèvement des autres populations. Malheureux roi, malheureuse France! Il ne suffit donc pas d'avoir donné à ce pays des libertés que des nations se prétendant libres n'ont jamais rêvées; une liberté de la presse allant jusqu'à la licence: traînant la royauté dans la fange; déconsidérant, méprisant, baffouant toutes les autorités constituées. Il s'écrie, ce malheureux roi : Il ne suffit donc pas de donner l'exemple des vertus et du bonheur domestiques pour être à l'abri des entreprises insensées, pour se garantir d'hallucinations régicides?—Effectivement les Fieschi, les Alibaud, les Meunier, les Darmès ne sont-ils pas là pour témoigner hautement de ce que j'avance?

Oui, la position est critique, pénible; mais à qui la faute? N'est-elle pas la conséquence logique de la nature des choses elles-mêmes? Ne faut-il pas en chercher la cause dans quelques dispositions de notre Droit public combinées, dans leur application, avec le caractère national si changeant, sautant par saccades d'extrêmes en extrêmes?

Si la Charte, dans son art. 3, en proclamant l'admissibilité de tous à tous les emplois, a voulu encourager de justes ambitions, éveiller de nobles émulations, l'on ne saurait se dissimuler qu'il est aussi la source d'injustes prétentions pour foule de médiocrités. Et si ces prétentions, par leur propre vice, rencontrent des obstacles, échouent dans leurs tentatives d'escalader l'Atlas (car on ne prétend aujourd'hui à rien moins), leur modestie s'en prendra-t-elle à leur présomption, de préférence au pouvoir?

Cependant cet article, pris isolément, présenterait peu d'inconvéniens, s'il n'était étayé d'un second, bien autrement plus formidable par l'abus qu'on en fait: je veux parler de l'art. 7 sur la liberté de la presse. Sans doute que cette liberté a été restreinte par des lois postérieures, nommément par celles si salutaires, dites *lois de septembre;* mais celles-ci remplissent-elles le but que leurs rédacteurs se sont proposé? Atteignent-elles la révolte, l'immoralité jusque dans leur dernier retranchement? Je crains que non; les digues de septembre ne me paraissent pas encore assez larges et assez hautes pour repousser les principes immoraux et subversifs d'ordre public, répandus dans des écrits qui inondent le pays.

Chez les peuples d'un caractère froid et réfléchi, les dispositions existantes seraient peut-être suffisantes; mais appliquées au caractère français, se riant de tout, se moquant de tout, ridiculisant tout, un supplément me paraît nécessaire à leur propre bonheur... à la tranquillité du pays. L'agression augmentant, la résistance au torrent révolutionnaire doit proportionnellement croître en vigueur et en intensité.

Aux seuls mots de *résistance* et de *répression*, il me semble entendre se soulever les clameurs de l'opposition et de ses organes, furieuses comme les vagues venant se heurter contre les brisans. Qu'importe! je ne persévère pas moins dans mon opinion, fondée sur l'histoire, que la France, pour être grande, forte et formidable vis-à-vis de l'étranger, a besoin d'être comprimée à l'intérieur. Je citerai pour exemples de glorieuses époques, Louis XI, Richelieu, Louis XIV, Bonaparte, et, sous le règne actuel, le ministère de C. Périer.

Il serait injuste, et Dieu m'en préserve, de supposer qu'avec C. Périer tous les hommes d'État eussent disparu. Loin de là; car les deux Chambres renferment dans leur sein de grands caractères, des talens éminens, des administrateurs éclairés. A quoi bon faire violence à leur modestie en les nommant? Le pays les connaît, et les apprécie. A la vérité, beaucoup d'entre eux ne se soucient plus de se mettre en relief; la gestion des affaires publiques est devenue si difficile, et les existences ministérielles sont si courtes! M. Thiers l'a dit, et il doit s'y connaître.

M. Thiers, le Mirabeau de nos jours, que ne s'est-il contenté du ministère de l'intérieur! Avec sa fibre révolutionnaire, ses anecdotes sur Jemmapes, Fleurus et autres; sa verve vive et brillante, il amusait, maniait, triturait les centres à son gré, il

les habillait à sa guise. Il en était le Benjamin!
Oui, l'intérieur était son élément, on le lui aurait
abandonné pour patrimoine; il eût dû s'y borner,
ne le quitter jamais. Mais non; l'ambition perd
l'homme, et Dieu sait si le petit homme en a! Il
convoita la présidence du conseil; peut-être en ce
moment rêve-t-il pour l'avenir la présidence d'une
autre forme de gouvernement. Qui sait où s'arrêtera
son imagination? A devenir, dans ses vieux jours,
lui-même roi de France et de Navarre! Thiers Ier
de sa race!

En attendant, M. Thiers, se réveillant un beau
matin, s'imagina avoir rêvé que feu M. de Talleyrand le nommerait légataire universel de ses talens
et de sa renommée européenne; il voulut donc
passer au ministère des affaires étrangères, oubliant
que ce département exigeait certaines conditions
qu'il lui était impossible de remplir. Il fut néan-
moins deux fois ministre des relations extérieures,
et deux fois malheureux; car si aujourd'hui il n'est
précisément plus besoin d'être d'illustre origine
pour figurer dignement aux relations extérieures,
au moins faut-il, comme feu M. Ancillon, combler
cette lacune par une valeur intrinsèque équivalente,
et surtout est-il nécessaire de ne pas rompre en
visière aux instincts de l'étranger. Or, comment
M. Thiers, avec son bon sens naturel, a-t-il pu
espérer que lui, auteur de l'*Histoire de la Révolu-*

tion française, si bien écrite d'ailleurs, qu'elle est arrivée à sa 10ᵉ édition ; que lui, dis-je, représentant des principes de cette même Révolution, il pourrait réunir autour de son foyer, en une douce confraternité, les mandataires de puissances toutes émues encore des souvenirs de 90-93, et que 1830 n'a pas encore calmées ? Il a fait preuve d'ignorance en fait de mœurs, de croyances, de littérature des pays du Nord, s'il s'est bercé d'un si fol espoir.

Je ne toucherai pas à d'autres considérations personnelles qui s'opposent à ce que M. Thiers soit un heureux ministre des affaires étrangères. Qu'il me suffise de citer le traité du 15 juillet. Les journaux anglais se sont largement expliqués à ce sujet ; ils ont stigmatisé sa politique purement comminatoire et à mesquines proportions.

Je crains que, tout en rendant justice aux qualités éminentes de M. Thiers comme tribun et chef de parti, les conférences de Londres, les salons de Vienne, de Pétersbourg ne lui délivrent jamais de brevet de grand négociateur ; du moins n'approche-t-il pas encore les d'Ossat, les Jeannin, les Lyonne. Mais qu'il se console, déjà il a éclipsé Dubois... le Dubois de la Régence !

En attendant, en se retirant des affaires, M. Thiers a-t-il légué à son successeur l'écheveau le plus embrouillé à démêler. Comment celui-ci s'en tirera-t-il ? Le public l'attend à l'œuvre ; et moi, j'ai confiance...

M. Guizot, par son *Histoire de la Civilisation*, nous a prouvé qu'il connaissait l'enchaînement des faits sociaux. De mœurs austères, il joint à l'élévation des vues un caractère noble, décidé et ferme. Quoique combattant les mauvaises passions du pays et ses folles tendances, cependant il en a de tous temps compris les besoins, défendu les intérêts, et veillé à l'éclat des couleurs nationales.

Protestant, familier avec la littérature et la législation anglaises, lié d'amitié avec les membres les plus influens du Parlement, le Roi, comme de coutume, fit preuve de sagesse et d'habileté en l'envoyant à la cour *protestante* de Saint-James, cimenter plus étroitement l'alliance anglaise. M. Guizot y fut apprécié. Nos voisins tenant plus aux qualités réelles qu'au brillant (*not for a fine glossy surface, but such qualities as would wear well*), ne tardèrent pas à chanter ses louanges; et l'on peut avancer, sans risque de se tromper, que c'est à ses efforts que nous sommes redevables de ne pas avoir vu la guerre déjà éclatée.

Par le retrait de M. Thiers, le Roi dut se pourvoir à la composition d'un autre Cabinet, qui devait autant que possible porter la couleur de l'intérêt du moment, c'est-à-dire décider de la question de *guerre ou de paix*. A cet effet, il était convenable d'y appeler pour chef un guerrier illustre; et, pour laisser une porte ouverte aux éventualités de la paix, on lui adjoignit M. Guizot, sous les yeux duquel le traité du 15 juillet avait été préparé, élaboré et signé. Personne, en effet, plus que M. Guizot, n'était bien placé pour voir se former l'orage, et par conséquent personne plus apte que lui à le détourner honorablement, et à résoudre à la satisfaction de tous les partis cet épineux problême de la question d'Orient, et de l'esprit du traité du 15 juillet. Réussira-t-il à donner des éclaircissemens tels, à rassurer les susceptibilités populaires? Pour moi, nul doute à cet égard. Esprit consciencieux et logique, M. Guizot tient en outre trop de l'illustre auteur du *Tableau des Révolutions de l'Europe* pour faillir un moment à la confiance de ses amis politiques.

Telle est ma réponse aux insinuations injurieuses du *National*, citées en tête de cet écrit.

Paris, ce 5 Novembre 1840.